Inhalt

LKW-Maut

Kernthesen

Beitrag

Fallbeispiele

Weiterführende Literatur

Impressum

LKW-Maut

I.Zeilhofer-Ficker

Kernthesen

- Nach der Zustimmung von Bundestag und Bundesrat stehen nun nur noch technische und juristische Fragen der für das Jahr 2003 geplanten Einführung der LKW-Maut in der BRD und Österreich entgegen.
- Ziele der LKW-Maut sind die Finanzierungssicherung von Verkehrsinfrastruktur, ein Verlagerungseffekt von Gütertransporten von Strasse auf Schiene und Wasserwege, die Verbesserung der Wettbewerbsfähigkeit von deutschen Transportunternehmen sowie die technologische Vorreiterrolle in Europa.
- Zwei technische Lösungen konkurrieren um die Aufträge in Deutschland und

Österreich: die Mikrowellentechnik sowie eine Lösung auf GPS/GSM-Basis.

Beitrag

Der Bundesrat hat am 22.März 2002 der Einführung einer LKW-Maut ab 2003 zugestimmt. Nach dem Votum des Bundestags haben damit auch die Länder den Weg für die Maut freigemacht. Da die Zustimmung aber erst nach einer Verzögerung von einigen Monaten erfolgt ist und noch juristische und technische Hürden ausgeräumt werden müssen, ist das geplante Einführungsdatum 1. Januar 2003 in Frage gestellt. Eingeführt wird die Maut in Deutschland aber auf jeden Fall im Laufe des Jahres 2003. [1]

Auch in Österreich ist die LKW-Maut zur Zeit ein Thema - Einführungsziel: spätestens 1. Juli 2003. [2]

Warum LKW-Maut?

Der LKW-Verkehr hat sich in den vergangenen 10 Jahren verdoppelt. Experten schätzen, dass der Güterverkehr bis zum Jahr 2015 um weitere 60 % zunehmen wird. Dabei ist die Belastung der Straßen durch einen LKW mit 40 Tonnen Achslast etwa 60000 mal größer als durch einen PKW. Eine Reform der Finanzierung der Verkehrsinfrastruktur weg vom Steuersystem hin zur Nutzerfinanzierung ist - speziell im Hinblick auf die leeren Kassen von Bund und Länder - unumgänglich. Die streckenabhängige LKW-Maut soll zusätzliche Einnahmen bringen, um den Erhalt und Ausbau von Verkehrswegen zu sichern. (3), (13)

Um das erwartete Wachstum des Gütertransportes aufzufangen, müssen die Güter verstärkt von der Straße auf Schiene und Wasserwege verlagert werden. 72 % des Güterverkehrs werden in der BRD über die Straße abgewickelt - in der Schweiz beträgt diese Quote nur ca. 30 %. Die Verteuerung des Straßentransportes soll ein erster Schritt zur Verbesserung der Rahmenbedingungen für mehr Transporte auf Schiene und Wasserwege sein, um die ungünstige Straßenquote zu senken. (3),

Die Spediteure erwarten sich von der LKW-Maut trotz höherer Kosten auch Gutes: die übermächtige ausländische Konkurrenz wird ebenso zur Kasse gebeten, wie deutsche Spediteure. Man erwartet, dass der Anteil an der Finanzierung von Wegekosten von ausländischen LKWs von heute 10 % auf 25 % bis 30 % ansteigen wird. Da die deutschen Spediteure gleichzeitig in den Genuss von steuerlichen

Kompensationen kommen werden, könnte sich die Wettbewerbssituation leicht verbessern. (1)

Das Verkehrsministerium erwartet sich außerdem durch die weitgehend automatische Erhebung der Maut, dass die Bundesrepublik die technologische Vorreiterrolle in Europa und weltweit übernehmen wird, was neue Marktchancen für die Industrie und dadurch die Sicherung von Arbeitsplätzen zur Folge hätte. (13)

Auch für Österreich sind die Finanzierung von Verkehrsinfrastruktur und eine erhoffte Verlagerung von Gütertransporten auf die Schiene das erklärte Ziel der geplanten LKW-Maut (4).

Wie soll die LKW-Maut aussehen?

In der Bundesrepublik Deutschland soll die LKW-Maut für alle schweren LKW (ab 12 t) abhängig von Achszahl, Gewicht und Abgas-Schadensklasse erhoben werden. Der Kilometerpreis wird sich, je nach Fahrzeug, zwischen 0,10 und 0,17 bewegen. Als Durchschnittswert wird mit 0,15 pro Kilometer gerechnet. (5) In Österreich sollen die Spediteure durchschnittlich 0,22 pro Kilometer zahlen. (2) Mautfrei sollen nur Fahrzeuge fahren, die ausschließlich für den Straßenunterhalts- und Straßenbetriebsdienst genutzt werden sowie land- und forstwirtschaftliche Fahrzeuge. (6), (7)

Wie soll die Maut erhoben werden?

Um Staus vor Mautstationen wie etwa in Italien oder Frankreich zu vermeiden, soll die Gebühr auf elektronischem Weg erhoben werden. Dabei soll der Nutzer die Wahl haben: entweder zieht er seine Mautmarke manuell an einem Automaten an Autobahnauffahrten, Tankstellen oder Raststätten oder er zahlt per Internet. Für Vielfahrer soll es die Möglichkeit der automatischen Einbuchung geben. Dazu wird in das Fahrzeug ein Zähler, die sogenannte On-Board-Unit, eingebaut. Beim Start des Wagens wird die OBU eingeschaltet und die gefahrenen Autobahnkilometer gespeichert. Die OBU ist mit einem Empfänger und Sender für das "Global Positioning System" (GPS-Navigationssystem, arbeitet über US-Satelliten) ausgestattet. Ähnlich arbeitet das alternativ in Erwägung gezogene System auf Mikrowellenbasis. (5), (9)

Wie soll das Geld verwendet werden?

3,4 Milliarden Euro sollen im Jahr 2003 als Einnahmen in Deutschland zusammenkommen. Dieses Mautaufkommen soll laut Gesetz überwiegend für die Verbesserung der Verkehrsinfrastruktur eingsetzt werden. 800 Millionen Euro sind davon aber bereits fest für den Bundeshaushalt als Ersatz für die Einnahmen aus der Euro-Vignette verplant. Mit 620 Millionen Euro sind die Betriebskosten für das Mauterfassungssystem pro Jahr angesetzt. Dazu plant die Bundesregierung ein Kompensationsprogramm für das Transportgewerbe in Höhe von 300 Millionen Euro. Ein auf 5 Jahre ausgelegtes Anti-Stau-Programm in Höhe von 7,4 Milliarden Euro soll sowohl den Ausbau von Schienenwegen (2,8 Milliarden Euro), aber vor allem von Autobahnen (3,7 Milliarden Euro) dienen. Auch die Bundeswasserstraßen sollen mit 900 Millionen Euro bedacht werden. (1), (8), (11)

Darüberhinaus forderte der Deutsche Verkehrsgerichtstag im Januar 2002, dass Mittel aus der LKW-Maut zur Verbesserung der Verkehrssicherheit verwendet werden müssten. (10)

Ab 2004 soll die generelle LKW-Maut in Österreich

600 Millionen Euro jährlich einspielen. Dieses Geld wird für Investitionen als auch zum Schuldenabbau verwendet werden. (4) Der kürzlich vorgestellte Gesamtverkehrsplan für Österreich sieht Investitionen von rund 17,3 Milliarden Euro in den nächsten 10 Jahren für verschiedene Verkehrsprojekte vor, wovon 10,9 Mrd. Euro für die Schienenwege, 6,3 Mrd. Euro für Straßenbauprojekte und 100 Millionen Euro für die Wasserstraßen vorgesehen sind.

Kritikpunkte

Vor allem die CDU/CSU-regierten Länder halten mit Kritik gegen das LKW-Maut-Gesetz nicht zurück. Bayern sieht die Kompensationszahlungen an das Transportgewerbe in Höhe von 300 Millionen Euro als viel zu niedrig an und verlangt, die Ausgleichszahlungen auf 1 Milliarde Euro zu erhöhen. (11) Dabei stoßen sie beim gesamten Transportgewerbe auf offene Ohren. Verschiedene Verbände drängen auf weitere Harmonisierungsmaßnahmen, um das heutige Wettbewerbsungleichgewicht auszugleichen.

Ausländische Spediteure sind vor allem durch Rückvergütungen von Mineralölsteuern im Vorteil. Die Forderungen der deutschen Transporteure gehen dahin, die KFZ-Steuer auf europäisches Mindestniveau abzusenken und Rückerstattungen der Mineralölsteuer vorzunehmen. Eine Senkung der KFZ-Steuer wird aber von den Länder strikt abgelehnt, da die Belastung ausschließlich die Länder treffen würde. (11)

Die Mittelverwendung wurde nicht explizit im Gesetz vorgeschrieben, sondern wird von einer Verordnung geregelt werden. Deshalb befürchten manche Politiker, die LKW-Maut könnte zum Selbstbedienungsladen für zukünftige Regierungen werden. Sie verlangen die absolute Sicherstellung, dass die Maut-Gebühren ausschließlich für die Verkehrsinfrastruktur verwendet werden.

Auch das erklärte Ziel des Bundesverkehrsministers, 6,7 % des Tansportverkehrs von der Straße auf die Schiene zu verlagern, scheint nicht erreichbar zu sein. Laut Berechnungen der Deutschen Bahn (DB) kann durch die geplante Erstattung der Mineralölsteuer und Senkung der KFZ-Steuer nicht mit einer spürbaren Erhöhung des Bahntransports gerechnet werden. Der Präsident des Bundesverbandes Spedition und Logistik (BSL), Manfred Boes, erwartet keine Verlagerung von Transporten auf die Bahn. Er befürchtet sogar, dass die Deutsche Bahn ihre Frachtpreise erhöhen wird. (14) Es wird außerdem bezweifelt, ob die Bahn überhaupt über entsprechende Kapazitäten verfügt, um einem größeren Kundenansturm gerecht zu werden. Um den Transport tatsächlich in Richtung Bahn zu kanalisieren, muss die Regierung massiv in eine flächendeckende und effektive Bahn investieren. (3)

Fallbeispiele

In der BRD sind das Toll-Collect Konsortium um DaimlerChrysler und Deutsche Telekom und das zunächst abgewiesene Konsortium Ages um Vodafone, Shell und BP im Spiel. Beide bieten um ein Auftragsvolumen von 10 Milliarden Euro. (12) Das "Toll Collect" - Gerät des DaimlerChrysler/Deutsche Telekom Angebotes gilt hierbei als aussichtsreichster Kandidat. Das System basiert auf der GPS/GSM-Technik, genau so wie die in Österreich angebotene Siemens-Lösung. (5), (9)

In Österreich sind noch 2 Konsortien um den Elektronik-Multi Kapsch und ein Konsorium um Siemens im Rennen. Die Kapsch-Lösungen basieren auf Mikrowellentechnik, das Siemens-Angebot wiederum auf der GPS/GSM-Technik. (9)

In einem Praxistest auf der CEBIT erwies sich die Mikrowellen-Lösung der Firma Kapsch als weniger komplex als das GSM/GPS-System. Besonders das Problem der Mautprellerei ist beim GSM/GPS-System aufwendig und personalintensiv. Das führt zu höheren Betriebskosten im Vergleich zur Mikrowellentechnik. (17)

Die Firma PSI AG wird das Bundesamt für Güterverkehr (BAG) bei der Einführung der LKW-Maut mit Beratungs- und Projektmanagementleistungen sowie mit dem personellen Aufbau unterstützen. Der Beratungsauftrag läuft bis zum Ende 2002 und hat ein Gesamtvolumen von einer Million Euro. (21)

Dem Wunsch nach mehr Gütertransport auf der Schiene kommt eine neue Verladetechnik "Mobiler" der Firma Palfinger entgegen. Dabei kann ein ganzer Container mit einem am LKW angebrachten hydraulischen System auf den Zugwagon verladen werden. Das bisher zur Containerverladung notwendige Kombiterminal ist nicht erforderlich, es wird nur eine parallel zur Schiene laufende Straße benötigt. Der ÖBB hat bereits einen Mobiler gekauft und setzt ihn für seinen Kunden Stiegel ein. (19)

Auch IKEA setzt auf die Bahn um zukünftige Lieferprobleme durch Staus auf Europas Straßen zu vermeiden. IKEA gründete dazu eine eigene Eisenbahngesellschaft und will damit den umständlichen, trägen und teuren Dienstleistungen der Bahngesellschaften ein Schnippchen schlagen. Die Ikea Rail AB nahm im März ihre Arbeit auf und schon 2005 sollen 40 % der Ikea-Produkte mit dem Zug befördert werden. Helfen wird dabei auch die geplante Liberalisierung des Eisenbahn-Güterverkehrs in der EU, die im letzten Jahr von den EU-Mitgliedsländern vereinbart wurde. (20)

Weiterführende Literatur

(1) Borstel, Stefan von, Die Einnahmen der LKW-Maut sind längst verplant, Die Welt, Jg. 52 vom 22.03.2002, Nr. 69, S. 12
aus LOGISTIK HEUTE, Heft 11/2001, S. 34-34

(2) "Lkw-Maut ist für uns Pflicht" Ausschreibungsfrist zu Ende - die grössten Baumultis haben sich beworben
aus WirtschaftsBlatt, 09.02.2002, Nr. 1558, S. A4

(3) Lasten auf die Schiene steuern Die Lkw-Maut auf Autobahnen ist dringend nötig. Damit sie Erfolg hat, muss zugleich das Angebot der Bahn verbessert werden
aus FTD Financial Times Deutschland vom 22.03.2002, Seite 26

(4) Marschall, Gerhard, Das Ziel muss lauten: Mehr statt weniger Verkehr, WirtschaftsBlatt vom 26.02.2002, Nr. 1569, S. A3
aus FTD Financial Times Deutschland vom 22.03.2002, Seite 26

(5) Toelg, Steffie, Vorbereitung auf LKW-Maut, Mitteldeutsche Zeitung vom 28.2.2002
aus FTD Financial Times Deutschland vom 22.03.2002, Seite 26

(6) Chancen auf Befreiung
aus ENTSORGA MAGAZIN Nr. 03 vom 12.03.2002
Seite 006

(7) Einigungsvorschlag zur Lkw-Maut
aus Ernährungsdienst 23 vom 23.03.2002 Seite 003

(8) Bund und Länder vertagen Gesetz zur Lkw-Maut
Nächster Beratungstermin im Bundesrat frühestens Ende März
aus FTD Financial Times Deutschland vom 27.02.2002, Seite 11

(9) Maierbrugger, Arno, Lkw-Maut: Die Kontrahenten heißen Siemens und Kapsch, WirtschaftsBlatt vom 12.03.2002, Nr. 1579, S. A6
aus FTD Financial Times Deutschland vom 27.02.2002, Seite 11

(10) 40. Deutscher Verkehrsgerichtstag in Goslar
aus Versicherungsrecht Aufsätze, 1.4.2002, 53.Jg., Nr.

10, S. 414

(11) Lkw-Maut: FDP schiebt SPD den schwarzen Peter zu - Bayern hält 1 Mrd. EUR als Ausgleich für angemessen, DVZ Nr. 032 vom 16.03.2002
aus Versicherungsrecht Aufsätze, 1.4.2002, 53.Jg., Nr. 10, S. 414

(12) Bodewig warnt unionsregierte Länder Verkehrsminister zur Lkw-Maut: "Nicht aus wahltaktischen Motiven die Latte immer höher legen" · Kritik an Gerichtsurteil
aus FTD Financial Times Deutschland vom 04.03.2002, Seite 11

(13) Bundesverkehrsministerium für Verkehr, Bau- und Wohnungswesen, Streckenbezogene LKW-Maut sorgt für verursachergerechte Anlastung der Wegekosten, www.bmvbw.de/LKW-Maut-.720.htm
aus FTD Financial Times Deutschland vom 04.03.2002, Seite 11

(14) Speditionen befürchten Insolvenzwelle
aus Frankfurter Allgemeine Zeitung, 10.04.2002, Nr. 83, S. 18

(15) "Kapazitäten abbauen - Maut weiterbelasten", DVZ Nr. 031 vom 14.03.2002
aus Frankfurter Allgemeine Zeitung, 10.04.2002, Nr. 83, S. 18

(16) Welt-Maut, DVZ Nr. 022 vom 21.02.2002

aus Frankfurter Allgemeine Zeitung, 10.04.2002, Nr. 83, S. 18

(17) Toll Collect will sich nicht geschlagen geben
Lkw-Maut-Bewerber ruft Schiedsstelle der Bundesvergabekommission an
aus WirtschaftsBlatt, 16.03.2002, Nr. 1583, S. A2

(18) Brüssel macht Weg für Galileo frei, STZ Stuttgarter Zeitung vom 27.03.2002
aus WirtschaftsBlatt, 16.03.2002, Nr. 1583, S. A2

(19) ÖBB will mit Mobiler-Technik neue Kunden gewinnen Güter von Lkw auf Züge zu verladen, ohne in ein Terminal fahren zu müssen, bietet der Mobiler von Palfinger
aus WirtschaftsBlatt, 26.02.2002, Nr. 1569, S. E2

(20) Ikea ist am Zug
aus Der Handel Nr.01 vom 04.01.2002 Seite 026

(21) PSI AG Eine Million Euro für Maut-Projekt
aus Government Computing, Heft 01-02/2002, S. 17

Impressum

LKW-Maut

Bibliografische Information der deutschen Nationalbibliothek

Die Deutsche Nationalbibliothek verzeichnet diese Publikation in der deutschen Nationalbibliografie; detaillierte bibliografische Daten sind im Internet über http://dnb.d-nb.de abrufbar.

ISBN: 978-3-7379-0842-9

© 2015 GBI-Genios Deutsche Wirtschaftsdatenbank GmbH, Freischützstraße 96, 81927 München, www.genios.de

Alle Rechte vorbehalten. Dieses Werk ist einschließlich aller seiner Teile – z.B. Texte, Tabellen und Grafiken - urheberrechtlich geschützt. Jede Verwertung außerhalb der Grenzen des Urheberrechtsgesetzes bedarf der vorherigen Zustimmung des Verlags. Dies gilt insbesondere auch für auszugsweise Nachdrucke, fotomechanische Vervielfältigungen (Fotokopie/Mikroskopie), Übersetzungen, Auswertungen durch Datenbanken oder ähnliche Einrichtungen und die Einspeicherung und Verarbeitung in elektronischen Systemen.